JN038259

復刻版

刺し子の
花ふきん

introducton

刺し子は、防寒や布の補強の為に生まれた手仕事です。
ちくちく針を動かしていると、気がついたら集中して
時間が経つのも忘れてしまいます。
そんな刺し子の中でも、手軽に作れて
毎日使えるのが花ふきん。
この本では、時代を越えて愛される伝統模様と、
初めての方にも気軽に刺せる
イラスト模様を紹介しています。
糸と針と布があればとこでも縫えて
模様がだんだん出来ていくのが楽しい花ふきんを
ぜひ何枚も刺してみてください。

伝統模様

イラスト模様

contents

一度は刺してみたい模様を16種類集めました。14〜17ページの4作品は一定の針目で一方向に刺していく一目刺しという技法です。

七宝つなぎ

しっぽう

七つの宝を意味する円形が円満を表す、縁起の良い模様。
布地やサイズ、糸の色や色数によって印象が変わります。

製作／市野栄子　作り方／38page

麻の葉

刺し子といえば、思い浮かぶのはこの模様ではないでしょうか。
麻の葉は生長が早く丈夫なので、子供の産着にもよく使われる模様です。
製作 / 近藤胡子　作り方 / 37 page

枡刺し
<small>ますざし</small>

枡々(ますます)丈夫で働けますようにという願いがこもった模様です。
グレーの木綿地に黒の糸で引き締めて小粋に。
製作／菅宮総子　作り方／39page

青海波
（せいかいは）

純和風の花ふきんですが、洋食器にも似合います。
ブルーのぼかし糸で波らしさを演出して。
製作 / 早川すみえ　作り方 / 39page

格子つなぎ

おしぼりとしても活躍する花ふきん。
青と紫の組み合わせでノスタルジックな雰囲気に。
製作／宮本すみ子　作り方／39page

段つなぎ

階段状に刺す模様です。
大きいサイズなのでお弁当を包んだり、風呂敷のようにも使えます。
製作／加藤圭子　作り方／40page

網文

<ruby>網<rt>あみ</rt></ruby><ruby>文<rt>もん</rt></ruby>

魚を捕る網をモチーフにした、曲線が美しい模様です。
ぼかし糸で刺すと同じ模様の連続でも変化がつき、楽しみながら刺せます。
製作 / 関 英子　作り方 / 40page

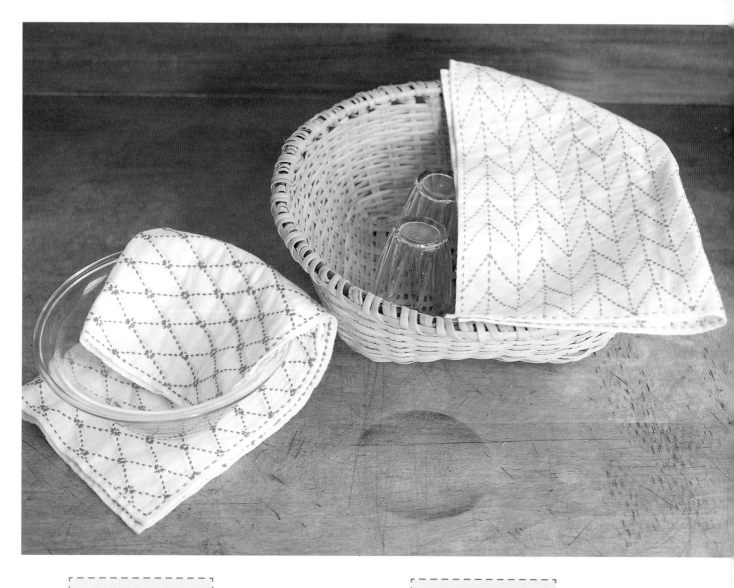

花菱形
<ruby>花菱形<rt>はなひしがた</rt></ruby>

菱形の交点に花模様をあしらいます。
花の部分は菱形と違う色で刺してもかわいいです。
製作 / 今井時雨　作り方 / 40page

矢羽根
<ruby>矢羽根<rt>やばね</rt></ruby>

矢の上部につける、鷲（わし）や鷹（たか）などの羽根の模様です。
少し落ち着いた同系色の二色がしっくりと馴染んでいます。
製作 / 皆川知子　作り方 / 41page

米の字組み
<ruby>米<rt>こめ</rt></ruby>の<ruby>字<rt>じ</rt></ruby><ruby>組<rt>ぐ</rt></ruby>み

水色の木綿地に、グリーン系の濃淡の糸の組み合わせが爽やか。
こまごまとした物にさっとかければ、見た目もすっきり整います。

製作／元吉多見　作り方／41page

変わり角七宝
（か）（く しっぽう）

七宝つなぎ（p.4）の曲線を直線にした模様です。
使うほどにしなやかになり、手になじんできます。
製作／幸田純枝　作り方／41page

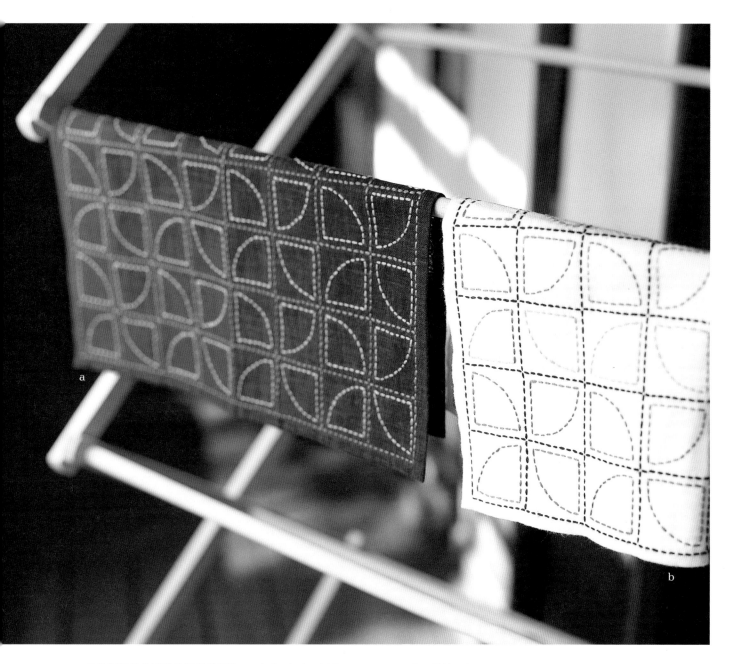

a

b

風車
（かざぐるま）

名前の通り、風車が回っているような模様です。
濃い色の地はピンクの濃淡、白いさらしは紺とブルー系の糸で刺しました。
製作／千葉秀子　作り方／42page

柿の花
（かき の はな）

初めての一目刺しにおすすめの柿の花。
一方向に縦、横と刺し進むと模様が次々に現われます。
製作／能登寛子　作り方／42page

方眼
<ruby>ほうがん</ruby>

縦と横のマス目を細かい針目で刺すだけで、なんともかわいい模様になりました。
時間はかかりますが、完成したときの喜びはひとしおです。
製作 / 吉田久美子　作り方 / 42page

十字花刺し
（じゅうじ はな ざし）

縦・横・斜めに刺す十字花刺しに、どこか異国の趣も漂います。
さりげなく洗面台に置いて、暮らしをもっと素敵に。
製作／高林美千代　作り方／43page

亀甲花刺し
（きっこうはなざし）

まるで織り模様のように細密な一目刺し。
亀甲と花の組み合わせでかわいらしく。
製作／吉田久美子　作り方／43page

17

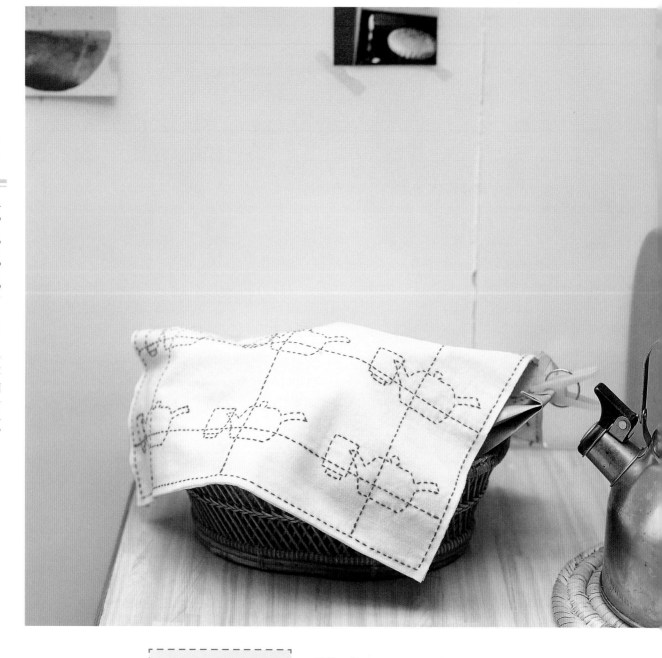

イラスト模様

身のまわりのものをイラストにして刺します。伝統模様のように刺す順番は決まっていないので、刺し順はお好みで。

●キッチン道具

急須と湯のみ

縦横の線がアクセント。お茶のイメージに合わせたグリーンの糸で。
デザイン／川名晶子　作り方／59page

お茶碗

ランチョンマットに使える長方形。ぬくもりある刺し子で、心休まるティータイムを。
デザイン／川名晶子　作り方／60page

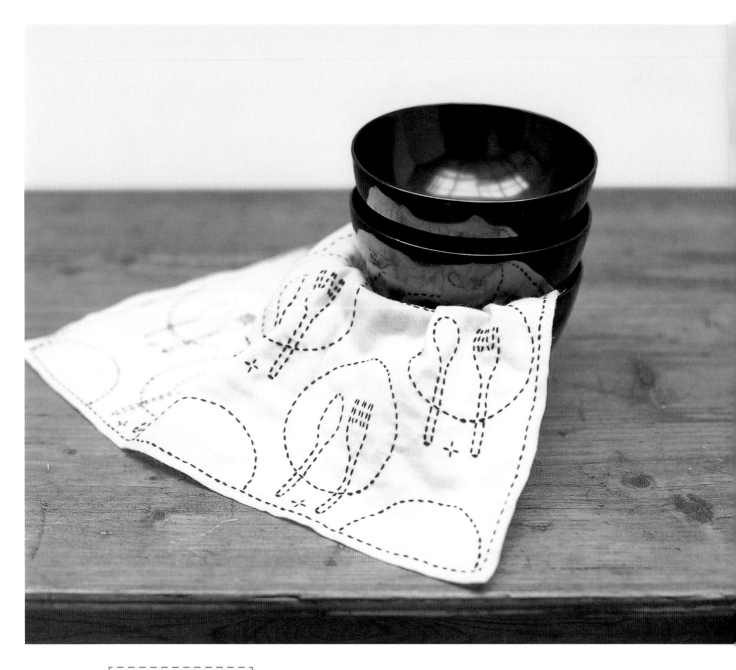

スプーンと フォークとお皿

洋風の模様が新鮮です。大切な器を傷付けないよう、間に挟む目的にも。

デザイン／川名晶子　作り方／61page

お 鍋

動きのある模様がユニーク。一列ずつ違う糸で刺しても楽しそう。
デザイン／川名晶子　作り方／62 page

● 春夏秋冬 　桜　　桜がたくさん咲いたふきんは、置くだけで周囲がパッと明るくなります。
デザイン/pigpong　製作／能登寛子　作り方／63page

蚊取り線香

夏は懐かしいうずまきの蚊取り線香とぶたの入れ物をモチーフに。
デザイン/pigpong　製作／菅宮総子　作り方／64page

金魚

ブリキのおもちゃ風の金魚。思い思いの方向に泳いでいます。
デザイン/pigpong　製作／市野栄子　作り方／65page

お月見

秋は3羽の愛らしいうさぎで。ふきんは調理中もなにかと活躍。
デザイン/pigpong　製作/菅宮総子　作り方/66page

きのこ

いろんな種類があって、きのこ狩りに出かけた気分に。
デザイン/pigpong　製作/市野栄子　作り方/67page

梅

赤で刺した梅模様の花ふきん。器の下に敷くとすべり止めにも。
デザイン/pigpong　製作/高林美千代　作り方/68page

● 野菜と果物

りんご

グリーンアップルのふきんで冬も爽やかに。
デザイン/pigpong　製作/市野栄子　作り方/69page

大根

冬大根の力強さ・生命力が伝わってきます。
デザイン/pigpong　製作/幸田純枝　作り方/70page

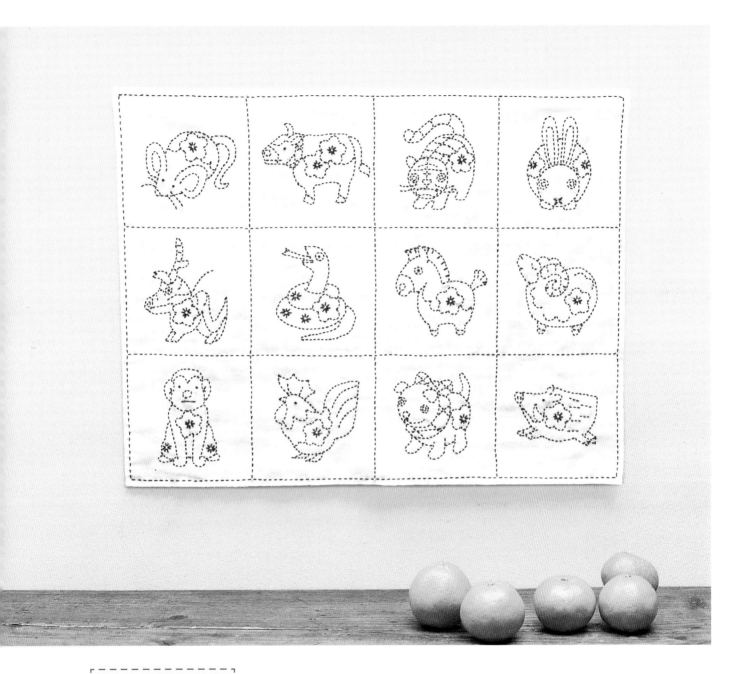

干支

花模様がお揃いの十二支は、その年の干支だけを刺してもかわいいです。
デザイン/pigpong　製作/近藤胡子　作り方/71page

刺し子の基礎

【用意するもの】

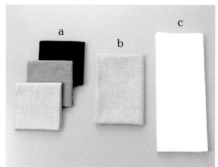

●糸
オリムパス製絲(株)の「オリムパス刺し子糸」と(株)ホビーラホビーレの「刺し子糸」を使用しました。それぞれ、かせの状態で販売されています。

●針
針穴が比較的大きい刺し子用の針を使います。長い針や短い針がありますが、好みのものを使いましょう。

●布
花ふきんに向いている
a 木綿無地、b 綿麻、c さらしを使用しました。木綿地はあまり厚くないものが適しています。さらしは目が細かなものから粗いものまでありますが、目が粗い方が柔らかく、刺しやすいです。

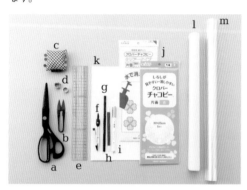

●用具
a 裁ちばさみ 布を切るときに。
b にぎりばさみ 糸を切るときに。
c 待ち針 図案を写すときに。
d 指ぬき 針の後ろを当てて動かしながら刺します。慣れない人はしなくてもかまいません。
e 定規 直線の図案を描いたり、写したりするときに。
f コンパス 曲線の図案を描くときに。
g 鉛筆 図案を描いたり、写したりするときに。
h トレーサー(手芸用鉄筆) 図案をなぞるときに。インクの出ないボールペンでも代用可。

i 水性チャコペン 布に直接図案を描いたり、写したりする。水で消えるので便利。
j チャコピー(手芸用片面複写紙) 布に図案を写すときに。水で消えるタイプが便利。
k 方眼用紙 図案を描くときに。
l トレーシングペーパー 図案を写すときに。
m セロファン 布に図案を写すときに。滑りを良くし、図案を保護する。ラッピング用に市販されているものや、お菓子の包みもOK。
そのほかに厚紙・テープなどが必要。

【布の準備】

布は洗うと縮みます。せっかく刺し子をしたのに目がつれてしまわないよう、使う布を決めたら、地直しを兼ねて軽く洗濯をしましょう。
さらしは洗わずに、軽くアイロンをかけてそのまま使います。

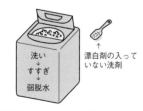

1 洗濯機で1サイクル洗い、水がたれない程度に脱水します。

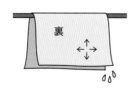

2 広げて陰干しをします。縦糸と横糸が直角に交わるように布を引っ張って整え、湿り気が残っている状態まで乾かします。

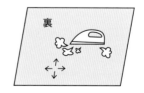

3 さらに布目を正しながら、裏からスチームアイロンか低温のアイロンをかけます。

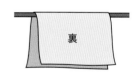

4 もう一度陰干しでしっかりと乾かします。

【糸の準備】

かせになっている糸をほどいて使います。あまり長い糸で刺すと毛羽立ち、針目がきれいにならないので、こまめにつぎ足しましょう。

1 かせをほどき、2カ所を別糸やリボンで結び、輪の1カ所を切ります。

2 切った反対側の輪の部分から、1本ずつ引き抜いて使います。

3 糸端を針穴の方に当てて二つに折ってつぶし、指で押さえて針を抜きます。

4 糸の折り山を針穴に押し入れるようにして通します。

【図案の写し方】
伝統模様 ⇨ 4～17page

本書のさらしは、すべて35cm幅のものを使っています。
幅の違うさらしを使う場合は、bの方法で写します。

● a 35cm幅のさらし/
さらし以外の場合

チャコペンを使って直接布に描きます。伝統模様は直接布に描くとズレが生じにくく、時間もかからないのでおすすめです。p.33～36を参照し、右記の要領でそれぞれの模様を描いてください。

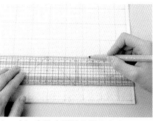

1 布に直接方眼線を引きます。

2 方眼線を案内線にして図案を描きます。曲線部分は図案に合わせて厚紙で型紙を作っておくと便利です。

● b 35cm幅以外のさらしの場合

aと同様、直接布に描きますが、さらしの中央に図案の中央を写し、そこを起点にして図案を描きます。図案はなりゆきになるので周囲の形が中途で終わってもかまいませんが、p.13の風車のみ、さらしの寸法に合わせて図案を縮小・拡大して調整した方がきれいです。

1 作りたい大きさ+2cm（縫い代分）のさらしの上下の縫い代をそれぞれ1cm内側に折り、二重にして0.5cm内側に線を引いておきます。

2 縦を半分に折ります。

中心

3 横を半分に折り、四つの角を一緒に待ち針で固定し、中央に軽くアイロンをかけます。

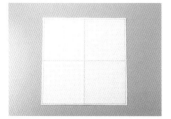

4 さらしを広げます。縦横の中央が決まりました。縦横の中央に線を引きます。

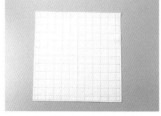

5 中央の線から左右上下に向かって等間隔に方眼線を引きます。

6 中央から図案を描いていきます。

7 図案が描けました。

イラスト模様

●一枚仕立ての場合 ⇨ 19, 21page

チャコピー（手芸用片面複写紙）を使って図案を写します。

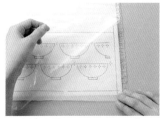

1 図案にトレーシングペーパーを重ね、動かないようにテープでとめて図案を写します（写しづらい場合は、図案をコピーするとよい）。

2 曲線部分は図案に合わせて厚紙で型紙を作っておくと便利です。

3 布の上にチャコピーのインク面を裏向きに重ねます。

4 図案を写したトレーシングペーパー、セロファンの順に重ねます。

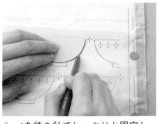

5 4を待ち針でしっかりと固定し、トレーサーで図案をなぞって写します。セロファンを使うことで強くなぞってもトレーシングペーパーが破れず、図案をくり返し使うことができます。

6 図案が写せました。すべて写せているかを確認してから外します。

●さらし（二重）の場合 ⇨ 18, 20, 22 ～ 27page

さらしは薄手なので、図案の上に重ねると図案が透けて見え、そのまま写すことができます。

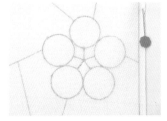

1 図案に、さらし（二重のうちの一重分だけ）を重ねて待ち針でしっかりと固定し、チャコペンで写します。

2 図案が写せました。すべて写し終えたら、さらしを二重にして刺し始めます。

●ワンポイントアドバイス

図案はセロファンとトレーサーだけで写すこともできます。

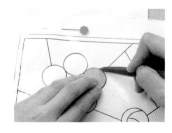

1 布、図案、セロファンの順に重ねて待ち針でしっかりと固定し、トレーサーで図案を写します。曲線部分は図案に合わせて厚紙で型紙を作っておくと便利です。

2 図案が写せました。すべて写し終えたら、刺し始めます。
※刺している途中で、トレーサーの印が見えなくなってしまうことあります。その場合は、再び図案を写してください。

【刺し子をする】

刺し子の針目は、表側が裏側よりも少し大きめの「表3：裏2」の間隔で刺すときれいです。針目の大きさは特に決まっていませんので、模様や布の厚みによって調整しましょう。ひとつの作品は同じ針目になるよう、一定の間隔で刺します。

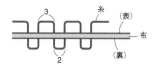

直線の場合

直線を刺すときは、一辺を一気に刺すと曲がらずきれいに刺せます。

曲線の場合

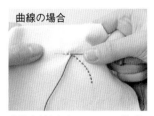

曲線を刺すときは、2〜3針ごとに糸を引き出します。

しごき方

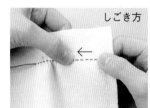

刺し目を中指（裏）と親指（表）ではさみ、刺し始めの方から刺した目に沿ってなぞるように2〜3回動かし、布と糸をなじませます。曲線部分は、しごき過ぎると布が伸びるので注意しましょう。

●刺し始めと刺し終わり

「表も裏もきれいに仕上がる」のが、刺し子の魅力。基本的には玉結びを作らず、3目ほど返し刺しをしてから刺し始め、刺し終わりも3目返し刺しをしてから糸を切ります。糸端は裏で約0.2cm残して切ります。

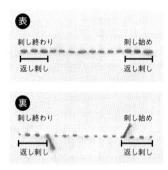

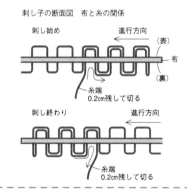

●指ぬきの使い方

短い針には一般的な指ぬき、長い針や厚い布に刺すときには皿付きの指ぬきを使います。

一般的な指ぬき

刺す手の中指の第1関節と第2関節の間にはめ、指ぬきの穴に針の頭を固定して親指と人さし指で針を動かします。

皿付きの指ぬき

刺す手の中指の内側にはめ、皿部分の穴に針の頭を固定して親指と中指で針を動かします。

●さらしの端から端まで刺し子をするとき

仕立てたさらしは二重になっているので、刺し始めや刺し終わりの返し刺しをせず、二枚の間に玉結び・玉止めを隠します。

玉結びで始める

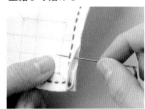

1　1本どりで玉結びをし、二枚のさらしの間に針を入れます。

2　最後まで引くと、玉結びがさらしの間に隠れます。

玉止めで終わる

3　一辺の端まできたら、二枚のさらしの間に針を入れます。

4　そのまま、二枚のさらしの間で玉止めをし、糸を切ります。

31

●糸の渡し方

一枚仕立ての場合

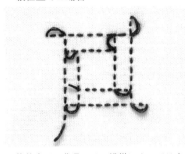

一枚仕立ての作品では、模様によっては糸を切らずに裏側で渡します。糸はゆるみを持たせて渡しますが、あまり長く渡すと、ゆるんだり引っ掛かったりしてしまいます。3cm位までなら糸を渡しても良いでしょう。
※見やすいよう、糸のゆるみを多めにしています。

さらし（二重）の場合

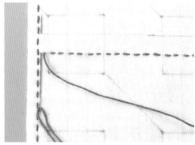

さらしの仕立てでは、糸を切らずに二枚のさらしの間に針を入れて糸を渡します。

●刺し方のポイント

図案の角や交点などは、形が出るように針目を調整すると美しく仕上がります。

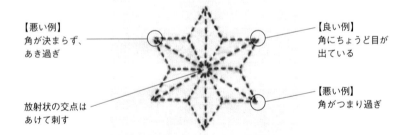

【悪い例】
角が決まらず、あき過ぎ

【良い例】
角にちょうど目が出ている

放射状の交点はあけて刺す

【悪い例】
角がつまり過ぎ

T字の刺し方

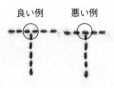

良い例　　悪い例

線がぶつからないように角をあけて刺す

角の刺し方

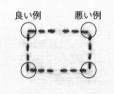

良い例　　悪い例

角に針目が出るように刺す

十字の刺し方

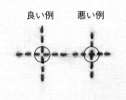

良い例　　悪い例

中心が交わらないように刺す

●糸のつなぎ方

3目ほど重ね刺しをしてつなぎます。糸端は裏で約0.2cm残して切ります。
※わかりやすいように色をかえています。

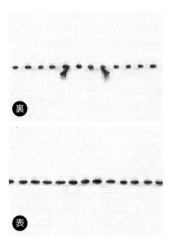

裏

表

●仕上げ方

糸がつれたりゆるんだりしていないかを確かめ、しごいて調整します。糸端が長く残っているところは、約0.2cm残して切ります。

⇩

図案の線を消すため、軽く水につけて陰干しをします。

⇩

湿り気が残っている状態まで乾いたらバスタオルなどを敷き、その上に刺し子の表側を下にして重ねます。

⇩

別布を当て、刺した糸をつぶさないよう注意してスチームアイロンか低温のアイロンをかけます。

本書で使用した
伝統模様

・図案の描き方と刺し方のポイント

●七宝つなぎ 4page

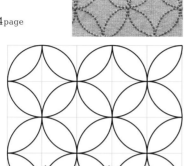

3cm方眼の案内線を引き、半径3cmの円の型紙で描く。
①〜④の曲線を端から端まで続けて刺す。

●麻の葉 5page

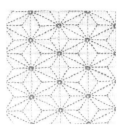

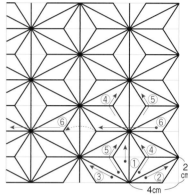

図案の描き方は37ページ参照。
①の縦線、②・③の斜線、④・⑤のジグザグ線の順に刺す。
⑥はさらしの間に糸を渡しながら刺す。

●枡刺し 6page

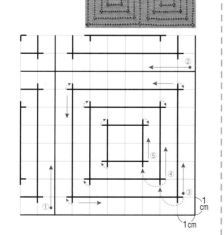

1cm方眼の案内線を引き、2cmずつ大きさを変えて枡を描く。
①・②を刺す。③〜⑤まで糸を裏で渡しながら続けて刺す。

●青海波 7page

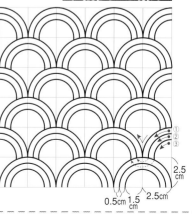

2.5cm方眼の案内線を引き、半径1.5cm、2cm、2.5cmの円の型紙で半円を描く。
①を刺す。②・③は裏に糸を渡しながら刺す。

● 格子つなぎ 8page

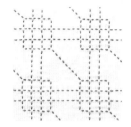

1cm方眼の案内線を引き、縦線と横線を描いて、その交点を目安に3cm角の正方形を描く。
正方形と正方形を斜線でつなぐ。
①・②を端で糸を渡しながら刺す。③・④は斜線と正方形を1セットごとに刺す。

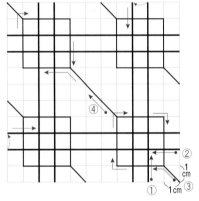

● 段つなぎ 8page

1cm方眼の案内線を引く。
①のように階段状に刺していく。

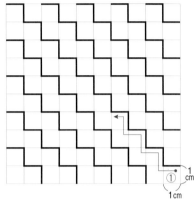

● 網文 9page

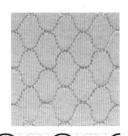

1cm方眼の案内線を引き、半径1cmの円の型紙で半円がつながるように描いていく。
①・②の順に刺す。

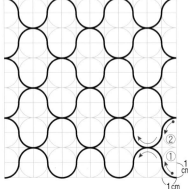

● 花菱形 10page

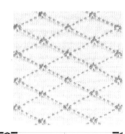

2.5cm方眼の案内線を引き、横5cm×縦2.5cmの対角線を描く。
交点に花部分を描く（花部分は描かず、刺すときに菱形の線を頼りに花を刺してもよい）。
①・②を刺す。③は花ごとにさらしの間に糸を渡しながら刺す。

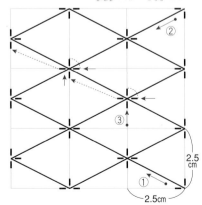

● 矢羽根　10page

横1.9cm、縦3.3cmの
案内線を引き、山形の
線を引く。
①・②の順に刺す。

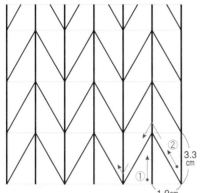

3.3 cm

② ①

1.9cm

● 米の字組み　11page

6.5cm方眼の案内線を
引き、その対角線を描
く。
対角線から平行に0.5cm
の位置に線を描く。2
本の線の交点上に花部
分を描く。
①・②を端で糸を渡し
ながら刺す。③は花ご
とに玉結び・玉止めで
始末をする。

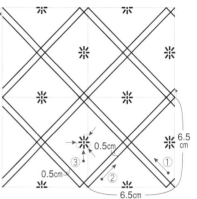

※

6.5 cm

0.5cm

③ ② ①

0.5cm

6.5cm

● 変わり角七宝　12page

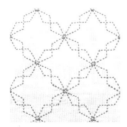

1cm方眼の案内線を引
き、図のように図案を
描く。
①～④の順に刺す。

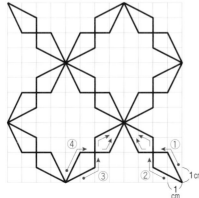

④ ③ ② ①

1cm

1 cm

● 風車　13page

4.2cm方眼の線を描
き、0.5cm内側に半径
3.2cmの円の型紙で四
分の一円を描く。
①・②を刺す。③はひ
とつごとに刺して糸を
切る。

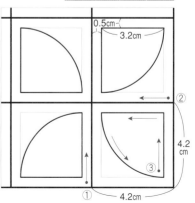

0.5cm
3.2cm

②

③

4.2 cm

① 4.2cm

● 柿の花 14page

0.5cm 方眼の案内線を
引く。
方眼線を頼りに、①・②
を1目を0.5cmで刺す。

0.5
cm
0.5cm
① ②

● 方眼 15page

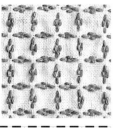

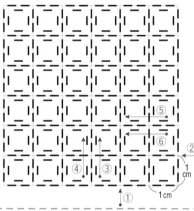

1cm方眼の案内線を引
く。
方眼線を頼りに、①・
②を刺す（1cmに2目）。
①・②を頼りに③～⑥
を刺す。

⑤
⑥
④ ③ ②
1
cm
① 1cm

● 十字花刺し 16page

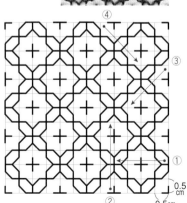

0.5cm 方眼の案内線を
引く。
方眼線を頼りに、①・
②を1目を0.5cmで刺
す。①・②を頼りに③・
④を斜めに刺す。

④
③
①
0.5
cm
② 0.5cm

● 亀甲花刺し 17page

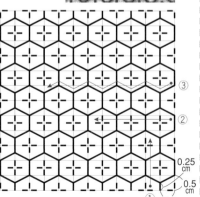

0.5cm 方眼の案内線を
引く。
方眼線を頼りに、①を刺
す（長い針目は0.5cm、
細かい針目は2目で
0.5cmにする）。
①を頼りに②を刺す。
③は①の長い針目に針
をお尻から通し、引き
過ぎないように注意し
て糸を渡す。

③
②
0.25
cm
① 0.5
cm
0.5cm

麻の葉 ------ 5page

材料
- ●布‥さらし 35cm 幅× 72cm
- ●糸‥オリムパス刺し子糸（袋入り）
  ピンク（13）
- ●でき上がり寸法‥ 35cm 角
- ●実物大図案‥ 46 ページ

1.外表に二つ折りにし、縫い代1cmを内側に折る

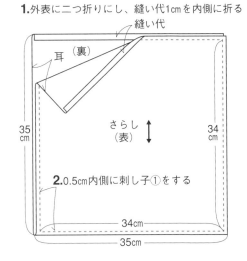

縫い代

耳（裏）

さらし（表）

2.0.5cm内側に刺し子①をする

35cm
34cm
35cm

3.内側に刺し子②〜⑦をする

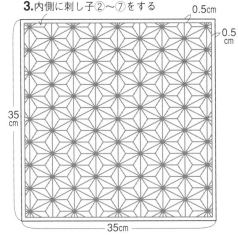

0.5cm
0.5cm

35cm
35cm

麻の葉の描き方

①〜③は案内線なので
薄く、④は図案なので
濃く描きます

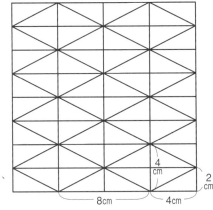

①4cm×2cm方眼の線を書き、
8cm×4cmの対角線を引く

8cm　4cm
4cm
2cm

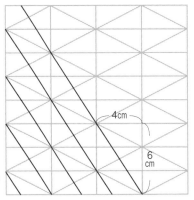

②図のように、4cm×6cm
の対角線を引く

4cm
6cm

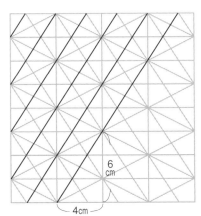

③同様に反対方向にも、
4cm×6cmの対角線を引く

6cm
4cm

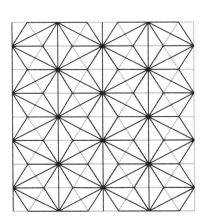

④図案線を描く

七宝つなぎa ------ 4page

材料
● 布‥ベージュの綿麻地 49cm 角
● 糸‥オリムパス刺し子糸（袋入り）
　　赤（12）
● でき上がり寸法‥45cm 角
● 実物大図案‥44 ページ

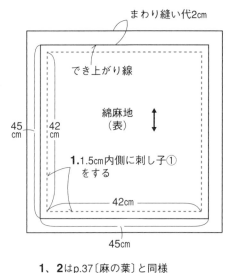

まわり縫い代2cm

でき上がり線

綿麻地
（表）

45cm　42cm

1.1.5cm内側に刺し子①
　をする

42cm

45cm

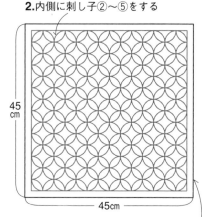

2.内側に刺し子②〜⑤をする

45cm

45cm

3.縫い代を三つ折りにしてまつる

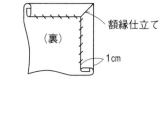

（裏）

額縁仕立て

1cm

七宝つなぎb ------ 4page

材料
● 布‥さらし 35cm 幅×72cm
● 糸‥オリムパス刺し子糸（袋入り）
　　水色（8）、淡ピンク（14）
● でき上がり寸法‥35cm 角
● 実物大図案‥45 ページ

1、2はp.37〔麻の葉〕と同様
3.内側に刺し子②〜⑤をする

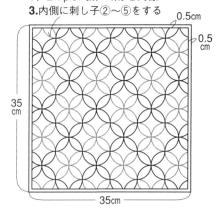

0.5cm

0.5cm

35cm

35cm

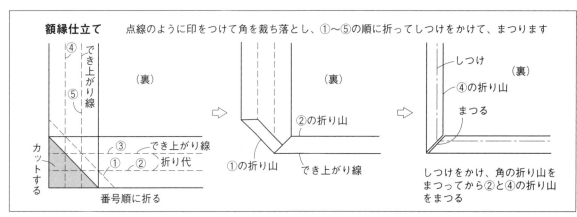

額縁仕立て　点線のように印をつけて角を裁ち落とし、①〜⑤の順に折ってしつけをかけて、まつります

④　で
き
上
が
り
線

⑤

（裏）

③　でき上がり線

①　②　折り代

カットする

番号順に折る

（裏）

①の折り山

②の折り山

でき上がり線

しつけ

（裏）

④の折り山

まつる

しつけをかけ、角の折り山を
まつってから②と④の折り山
をまつる

枡刺し ------ 6page

材料
- ●布‥グレーの木綿地 39cm 角
- ●糸‥オリムパス刺し子糸（袋入り）
  黒（20）
- ●でき上がり寸法‥35cm 角
- ●実物大図案‥47 ページ

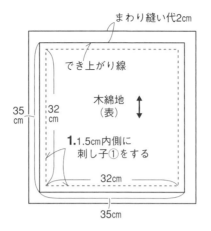

まわり縫い代2cm
でき上がり線
木綿地（表）
1. 1.5cm内側に刺し子①をする
32cm
35cm
32cm
35cm

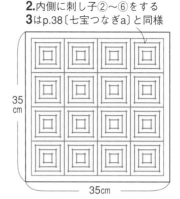

2. 内側に刺し子②〜⑥をする
3 はp.38〔七宝つなぎa〕と同様
35cm
35cm

青海波 ------ 7page

材料
- ●布‥紺の木綿地 41cm 角
- ●糸‥オリムパス刺し子糸（袋入り）
  ブルー系ボカシ（52）
- ●でき上がり寸法‥37cm 角
- ●実物大図案‥48 ページ

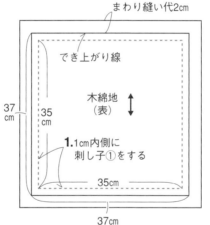

まわり縫い代2cm
でき上がり線
木綿地（表）
1. 1cm内側に刺し子①をする
37cm
35cm
35cm
37cm

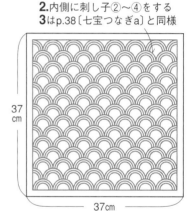

2. 内側に刺し子②〜④をする
3 はp.38〔七宝つなぎa〕と同様
37cm
37cm

格子つなぎ ------ 8page

材料
- ●布‥さらし 35cm 幅 × 72cm
- ●糸‥オリムパス刺し子糸（袋入り）
  ブルー（10）、紫（19）
- ●でき上がり寸法‥35cm 角
- ●実物大図案‥49 ページ

1、2 はp.37〔麻の葉〕と同様
3. 内側に刺し子②〜⑤をする
0.5cm
0.5cm
35cm
35cm

段つなぎ ----- 8page

材料
- ●布‥紫の木綿地 50cm × 48cm
- ●糸‥オリムパス刺し子糸（袋入り）
  生成り（2）
- ●でき上がり寸法‥46cm × 44cm
- ●実物大図案‥55ページ

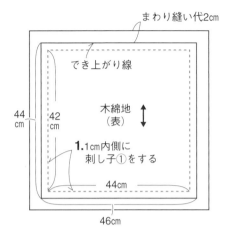

まわり縫い代2cm

でき上がり線

木綿地
（表）↕

1. 1cm内側に
刺し子①をする

44cm
42cm
44cm
46cm

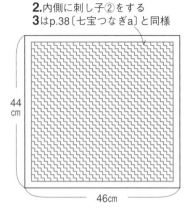

2. 内側に刺し子②をする
3 はp.38〔七宝つなぎa〕と同様

44cm
46cm

網文 ------- 9page

材料
- ●布‥ベージュの綿麻地 39cm角
- ●糸‥オリムパス刺し子糸（袋入り）
  ピンク系ボカシ（53）
- ●でき上がり寸法‥35cm角
- ●実物大図案‥50ページ

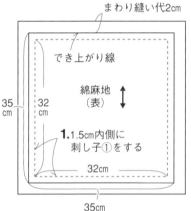

まわり縫い代2cm

でき上がり線

綿麻地
（表）↕

1. 1.5cm内側に
刺し子①をする

35cm
32cm
32cm
35cm

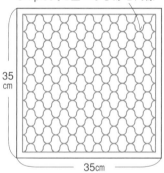

2. 内側に刺し子②、③をする
3 はp.38〔七宝つなぎa〕と同様

35cm
35cm

花菱形 ------ 10page

材料
- ●布‥さらし 35cm 幅× 72cm
- ●糸‥オリムパス刺し子糸（袋入り）
  オレンジ色（4）
- ●でき上がり寸法‥35cm 角
- ●実物大図案‥51ページ

1、2 はp.37〔麻の葉〕と同様
3. 内側に刺し子②〜④をする

0.5cm
0.5cm

35cm
35cm

矢羽根 ------ 10page

材料
- ●布‥さらし 35cm 幅×70cm
- ●糸‥オリムパス刺し子糸（袋入り）
  からし色（5）、黄緑（6）
- ●でき上がり寸法‥35cm × 34cm
- ●実物大図案‥52 ページ

1. 外表に二つ折りにし、
縫い代1cmを内側に折る

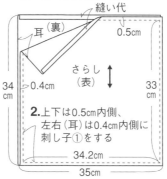

縫い代
耳（裏）
0.5cm
さらし
（表）
34
cm
33
cm
0.4cm

2. 上下は0.5cm内側、
左右（耳）は0.4cm内側に
刺し子①をする

34.2cm
35cm

3. 内側に刺し子②、③をする 0.5cm

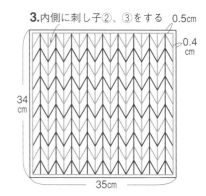

0.4
cm
34
cm
35cm

米の字組み ------ 11page

材料
- ●布‥水色の木綿地 39cm 角
- ●糸‥オリムパス刺し子糸（袋入り）
  黄緑（6）、緑（7）
- ●でき上がり寸法‥35cm 角
- ●実物大図案‥53 ページ

まわり縫い代2cm

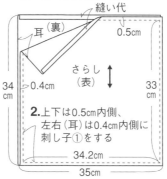

でき上がり線
木綿地
（表）
35
cm
34.4
cm

1. 0.3cm内側に
刺し子①をする

34.4cm
35cm

2. 内側に刺し子②〜④をする
3 はp.38〔七宝つなぎa〕と同様

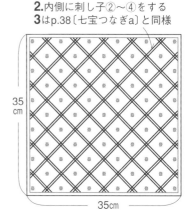

35
cm
35cm

変わり角七宝 ------ 12page

材料
- ●布‥さらし 35cm 幅×72cm
- ●糸‥オリムパス刺し子糸（袋入り）
  オレンジ色（4）
- ●でき上がり寸法‥35cm 角
- ●実物大図案‥54 ページ

1. 外表に二つ折りにし、
縫い代1cmを内側に折る

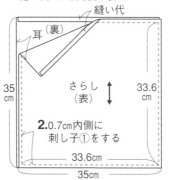

縫い代
耳（裏）
さらし
（表）
35
cm
33.6
cm

2. 0.7cm内側に
刺し子①をする

33.6cm
35cm

3. 内側に刺し子②〜⑥をする
1.5cm 0.7cm

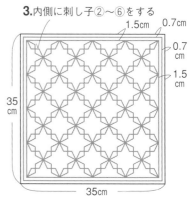

0.7
cm
1.5
cm
35
cm
35cm

風車 ------ 13page

材料
- ●布‥ a 茶色の木綿地 39cm 角
  b さらし 35cm 幅×72cm
- ●糸‥オリムパス刺し子糸（袋入り）
  a ピンク（13）、淡ピンク（14）
  b 紺（11）、ブルー系ミックス（72）
- ●でき上がり寸法‥ 35cm 角
- ●実物大図案‥55 ページ

a

まわり縫い代2cm

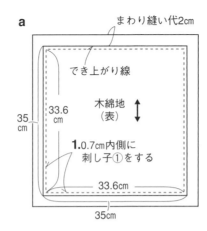

でき上がり線

木綿地
（表）

33.6
cm

35
cm

1.0.7cm内側に
刺し子①をする

33.6cm

35cm

2.内側に刺し子②〜④をする
3はp.38〔七宝つなぎa〕と同様

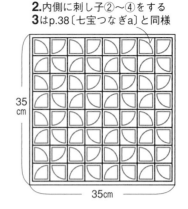

35
cm

35cm

b

1.外表に二つ折りにし、縫い代1cm
を内側に折る

縫い代

耳（裏）

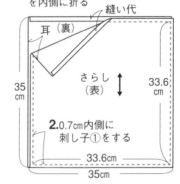

さらし
（表）

35
cm

33.6
cm

2.0.7cm内側に
刺し子①をする

33.6cm

35cm

3.内側に刺し子②〜④をする　0.7cm

0.7cm

35
cm

35cm

柿の花 ------ 14page

材料
- ●布‥さらし 35cm 幅×72cm
- ●糸‥オリムパス刺し子糸（袋入り）
  緑（7）
- ●でき上がり寸法‥ 35cm 角
- ●実物大図案‥56 ページ

1、2はp.37〔麻の葉〕と同様
3.内側に刺し子②、③をする

0.5cm

0.5cm

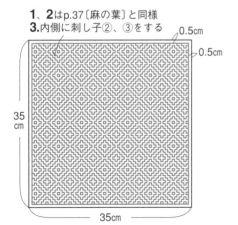

35
cm

35cm

方眼 ------ 15page

材料
- ●布‥さらし 35cm 幅×72cm
- ●糸‥オリムパス刺し子糸（袋入り）
  紫（19）
- ●でき上がり寸法‥ 35cm 角
- ●実物大図案‥56 ページ

1、2はp.37〔麻の葉〕と同様
3.内側に刺し子②〜⑦をする

0.5cm

0.5cm

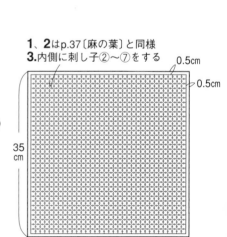

35
cm

35cm

亀甲花刺し ------ 17page

材料
- ●布‥さらし 35cm 幅 × 72cm
- ●糸‥オリムパス刺し子糸（袋入り）
  - 赤（12）
- ●でき上がり寸法‥35cm 角
- ●実物大図案‥57 ページ

1、2はp.37〔麻の葉〕と同様
3.内側に刺し子②〜④をする

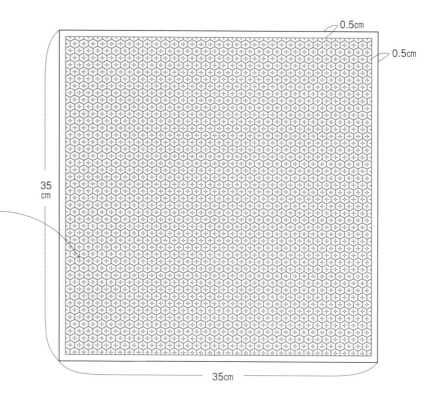

0.5cm
0.5cm
35cm
35cm

十字花刺し ------ 16page

材料
- ●布‥さらし 35cm 幅 × 72cm
- ●糸‥オリムパス刺し子糸（袋入り）
  - 青（18）
- ●でき上がり寸法‥35cm 角
- ●実物大図案‥57 ページ

1.外表に二つ折りにし、縫い代1cmを内側に折る

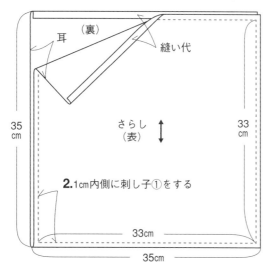

耳
（裏）
縫い代
さらし
（表）
35cm
33cm

2.1cm内側に刺し子①をする

33cm
35cm

3.内側に刺し子②〜⑤、外側に刺し子⑥をする

1cm
0.3cm
0.3cm
1cm
35cm
35cm

p.38〔七宝つなぎa〕の実物大図案 ・刺し子糸は1本どり

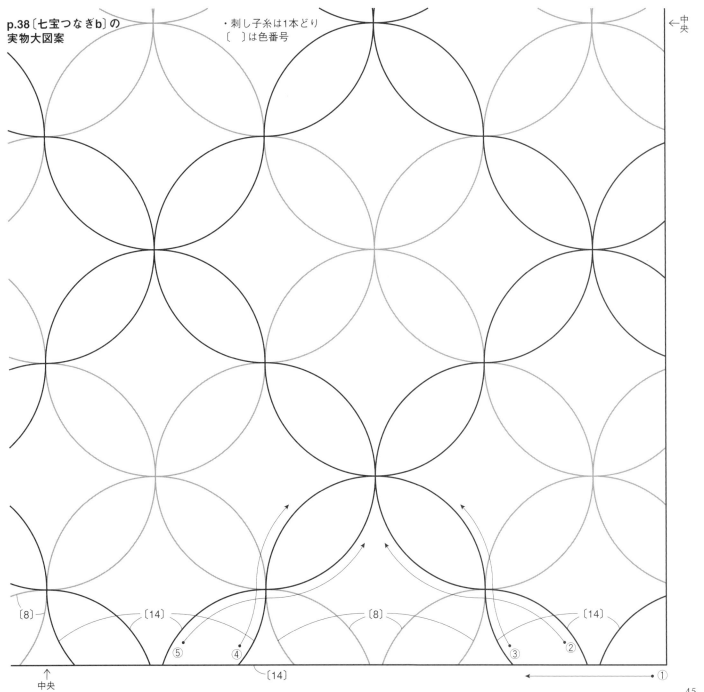

**p.38〔七宝つなぎb〕の
実物大図案**

・刺し子糸は1本どり
〔　〕は色番号

←中央

〔8〕　〔14〕　〔8〕　〔14〕

⑤　④　③　②

↑
中央

〔14〕

①

45

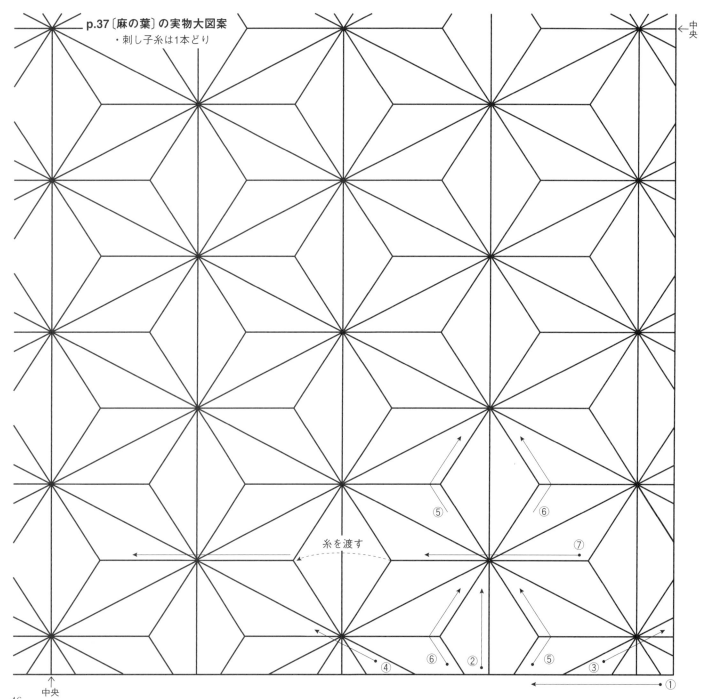

p.37〔麻の葉〕の実物大図案
・刺し子糸は1本どり

糸を渡す

中央

中央

p.39〔枡刺し〕の実物大図案　　・刺し子糸は1本どり

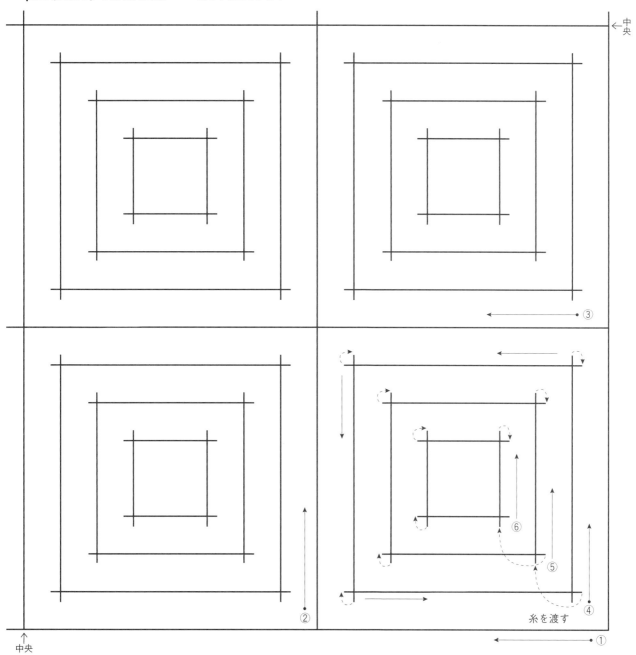

糸を渡す

中央

中央

p.39〔青海波〕の
実物大図案　　　　・刺し子糸は1本どり

中央

中央

糸を渡す

①
②
③
④

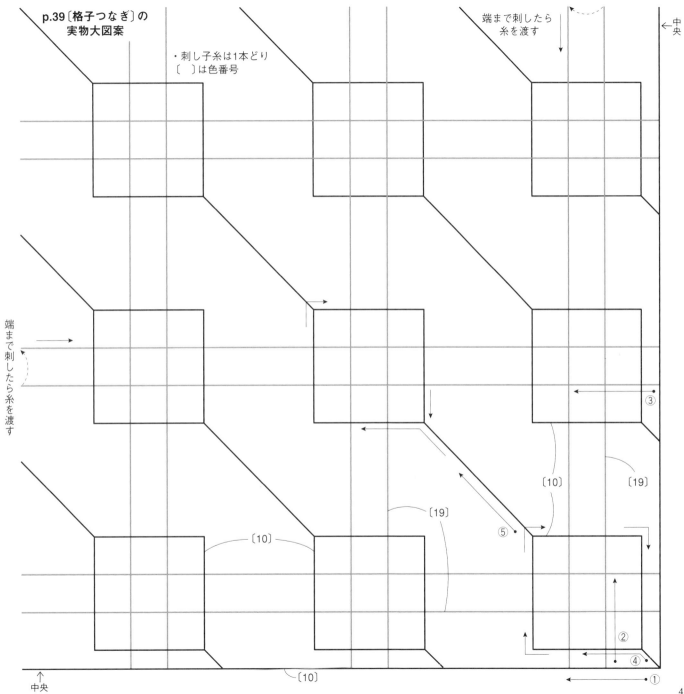

p.39〔格子つなぎ〕の
実物大図案

・刺し子糸は1本どり
〔 〕は色番号

←中央

端まで刺したら
糸を渡す

端まで刺したら糸を渡す

③

〔10〕　〔19〕

〔19〕

⑤

〔10〕

②

④

①

〔10〕

↑
中央

49

→中央

③

②

①

↑
中央

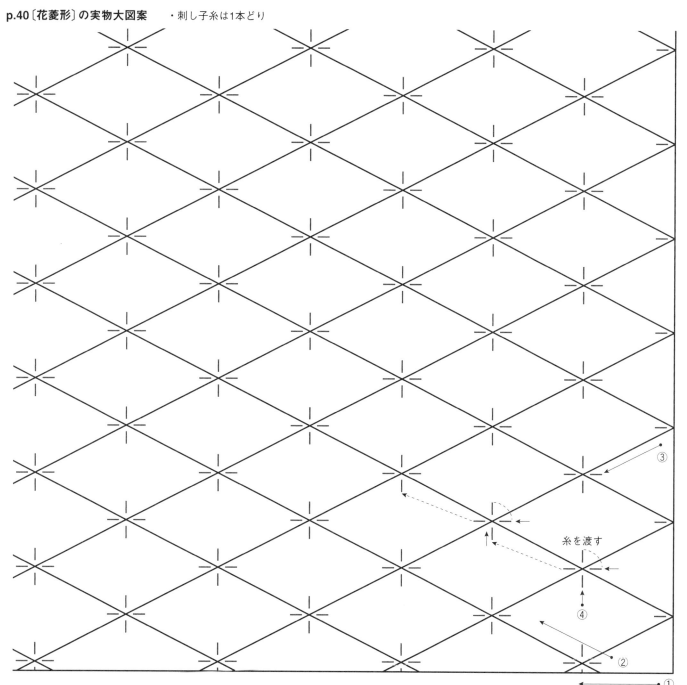

糸を渡す

①
②
③
④

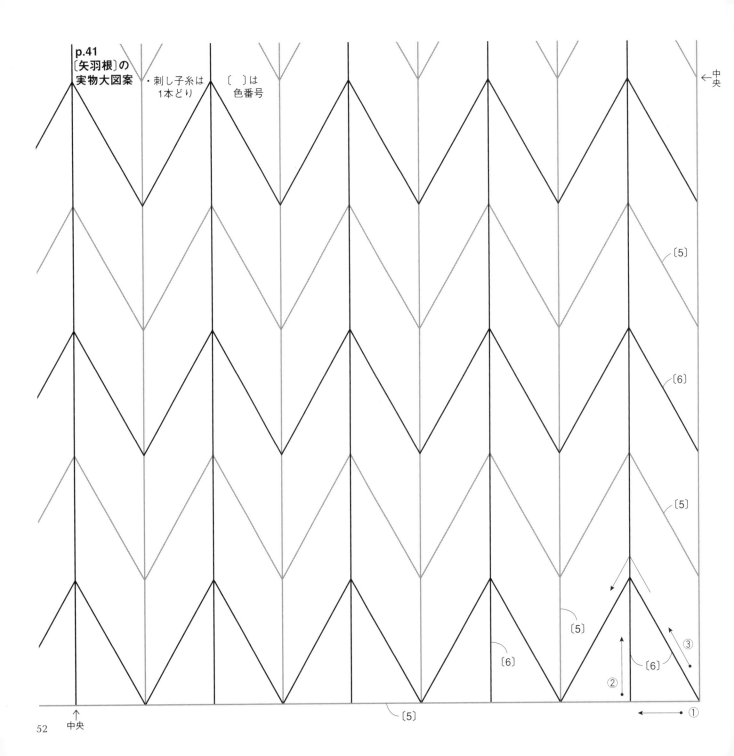

p.41
〔矢羽根〕の
実物大図案 ・刺し子糸は
1本どり 〔 〕は
色番号

←中央

〔5〕

〔6〕

〔5〕

〔5〕

〔6〕

〔5〕

〔6〕

③

②

①

↑中央

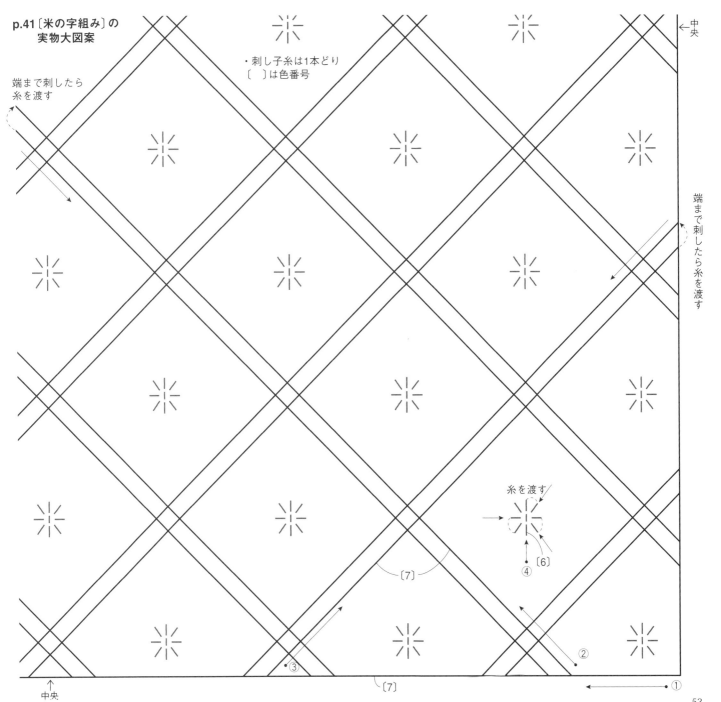

**p.41〔米の字組み〕の
実物大図案**

・刺し子糸は1本どり
〔　〕は色番号

端まで刺したら
糸を渡す

←中央

端まで刺したら糸を渡す

糸を渡す

〔6〕
④

〔7〕

③

②

①

↑
中央

〔7〕

53

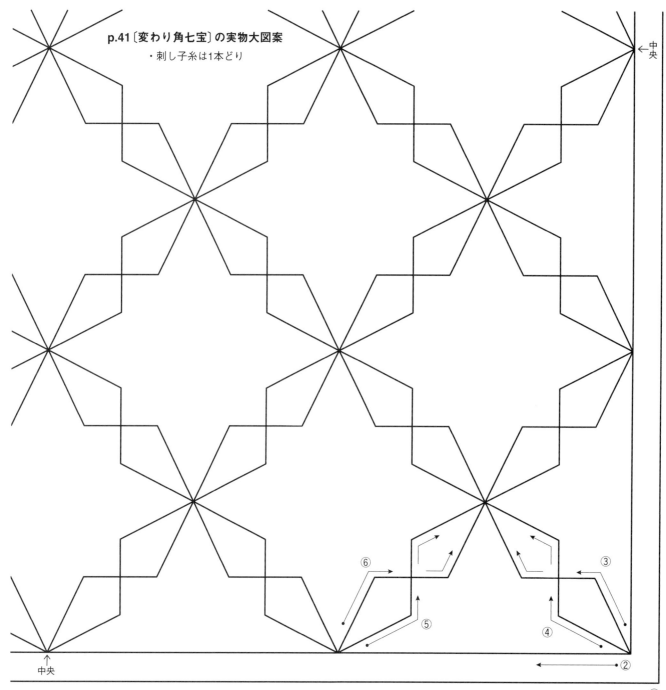

p.41〔変わり角七宝〕の実物大図案
・刺し子糸は1本どり

中央

中央

p.40〔段つなぎ〕の実物大図案　　・刺し子糸は1本どり

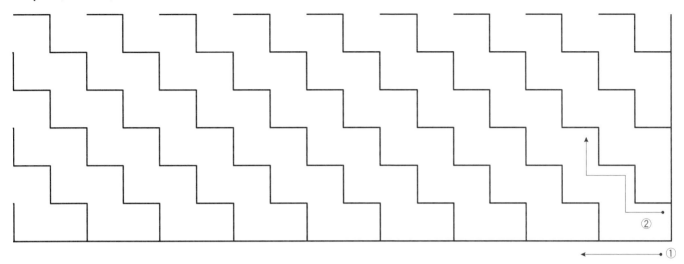

p.42〔風車〕の実物大図案　　・刺し子糸は1本どり／〔　〕は色番号

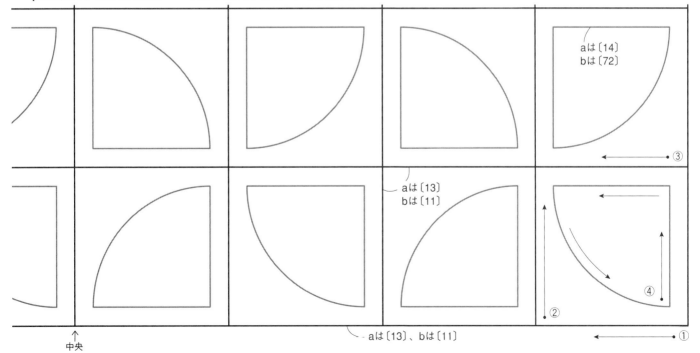

aは〔14〕
bは〔72〕

aは〔13〕
bは〔11〕

aは〔13〕、bは〔11〕

中央

p.42〔柿の花〕の実物大図案　　・刺し子糸は1本どり

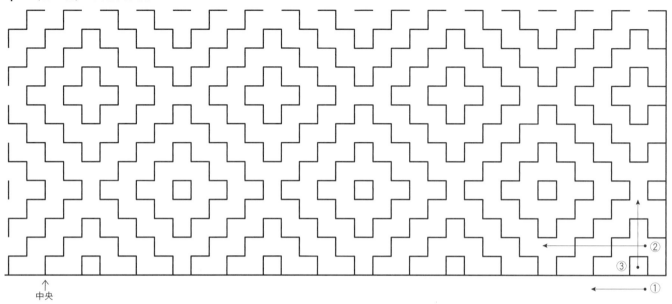

↑
中央

p.42〔方眼〕の実物大図案　　・刺し子糸は1本どり

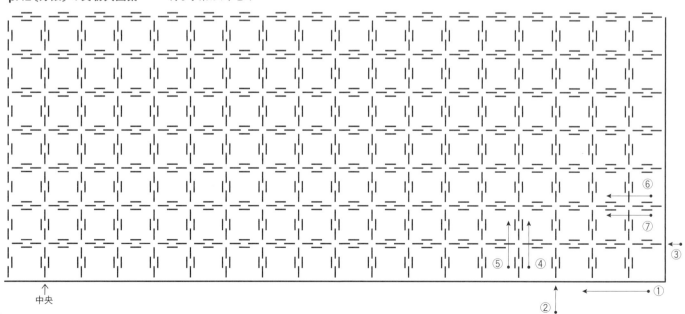

↑
中央

p.43〔亀甲花刺し〕の実物大図案 ・刺し子糸は1本どり

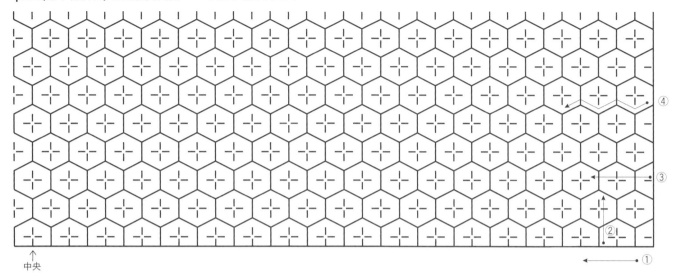

↑
中央

p.43〔十字花刺し〕の実物大図案 ・刺し子糸は1本どり

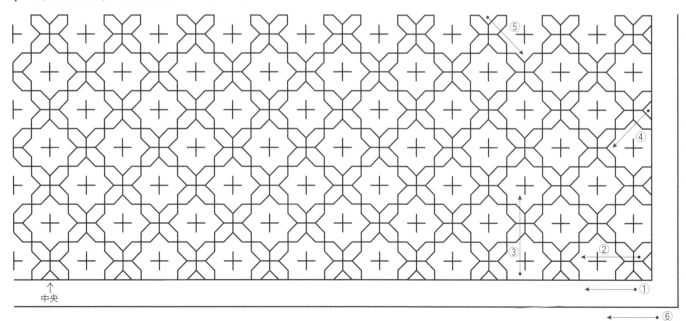

↑
中央

p.18〜27の作品について

作り方は3パターンあります。
材料や模様の配置などはそれぞれの図案ページを参照して下さい。

a **1.**外表に二つ折りにし、縫い代1cmを内側に折る

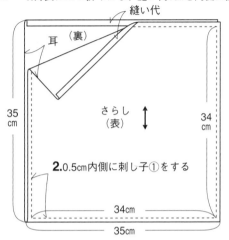

縫い代
耳 （裏）
さらし
（表）
35cm
34cm
34cm
35cm

2.0.5cm内側に刺し子①をする

3.①の内側に図案の刺し子②をする

b

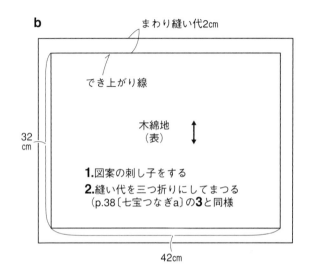

まわり縫い代2cm

でき上がり線

木綿地
（表）

1.図案の刺し子をする

2.縫い代を三つ折りにしてまつる
（p.38〔七宝つなぎa〕の**3**と同様）

32cm

42cm

c **1.**外表に二つ折りにし、縫い代1cmを内側に折る

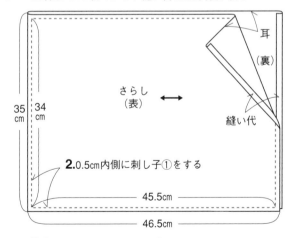

耳
（裏）
さらし
（表）
縫い代
35cm
34cm
45.5cm
46.5cm

2.0.5cm内側に刺し子①をする

3.①の内側に図案の刺し子②をする

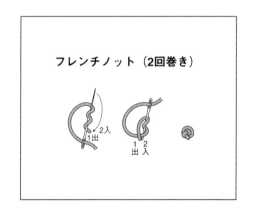

フレンチノット（2回巻き）

2入
1出
1 2
出 入

58

急須と湯のみ ------ 18page

材料
- ●布‥さらし35cm幅×72cm
- ●糸‥ホビーラホビーレ 刺し子糸　緑（107）
- ●でき上がり寸法‥35cm角
- ●作り方‥58ページa

図案　・250%に拡大して使用

・刺し子糸は1本どり

でき上がり線

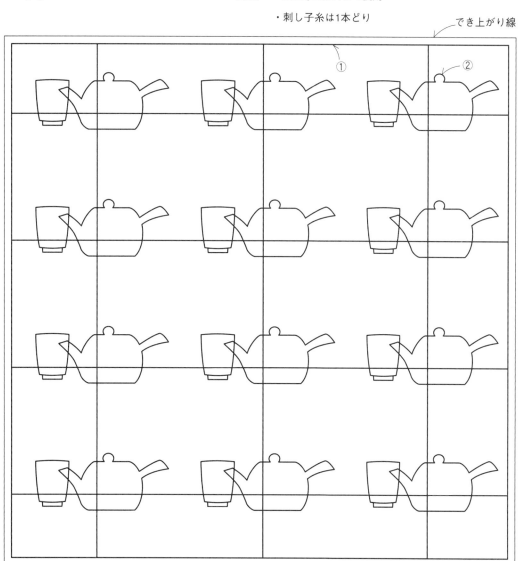

お茶碗 ------ 19page

材料
- ●布‥ピンクの木綿地 46cm × 36cm
- ●糸‥ホビーラホビーレ 刺し子糸　紺（105）
- ●でき上がり寸法‥ 42cm × 32cm
- ●作り方‥58 ページ b

図案　・250％に拡大して使用
　　　　　・刺し子糸は1本どり

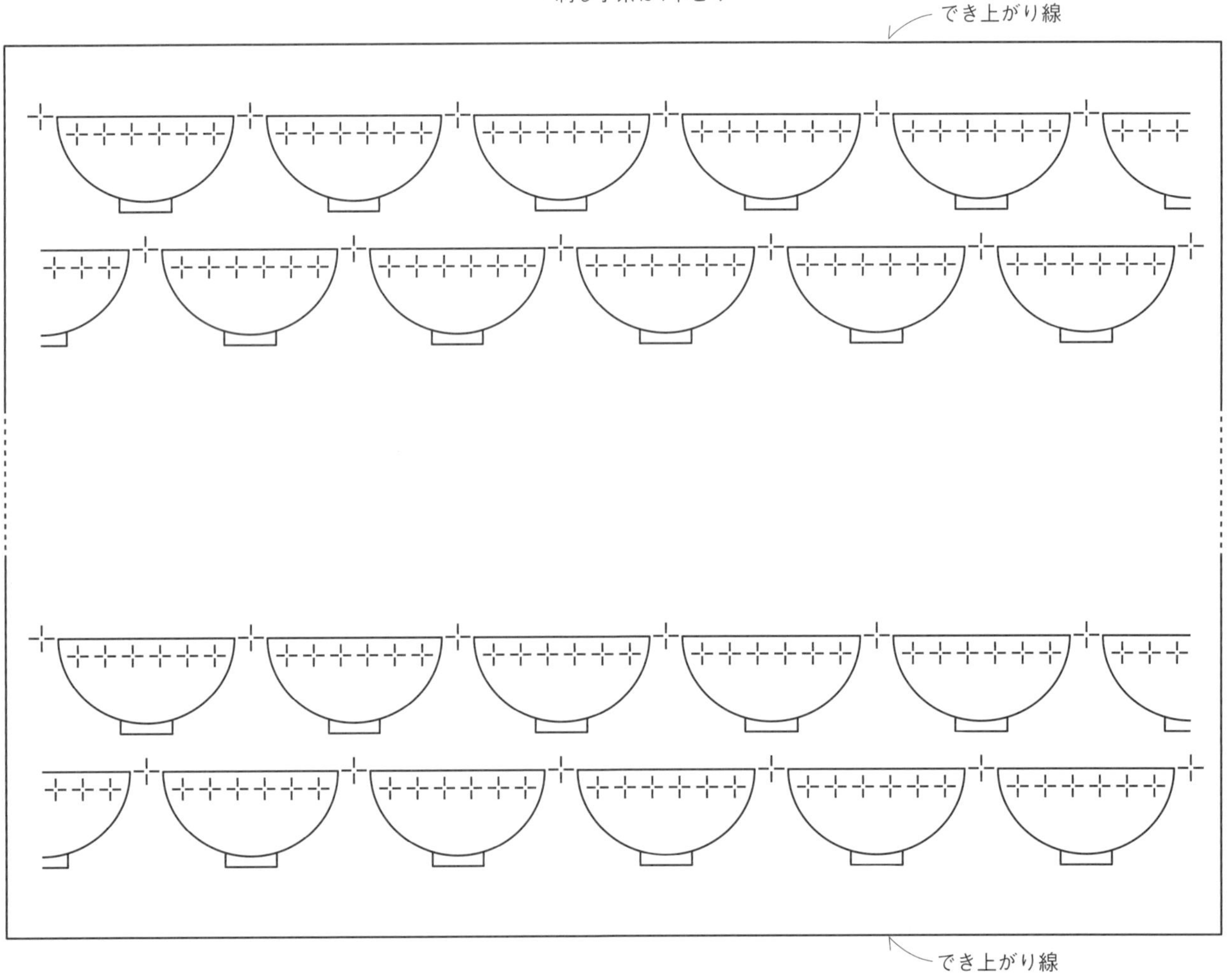

でき上がり線

でき上がり線

スプーンとフォークとお皿 ------ 20page

材料
●布‥さらし 35cm 幅 × 72cm
●糸‥ホビーラホビーレ 刺し子糸　赤（103）
●でき上がり寸法‥35cm 角
●作り方‥58 ページ a

図案　・250％に拡大して使用

　　　　・刺し子糸は1本どり

お鍋 ------- 21page

材料
- ●布‥水色の木綿地 46cm × 36cm
- ●糸‥ホビーラホビーレ 刺し子糸　白（101）
- ●でき上がり寸法‥42cm × 32cm
- ●作り方‥58 ページ b

図案　・250%に拡大して使用
　　　・刺し子糸は1本どり

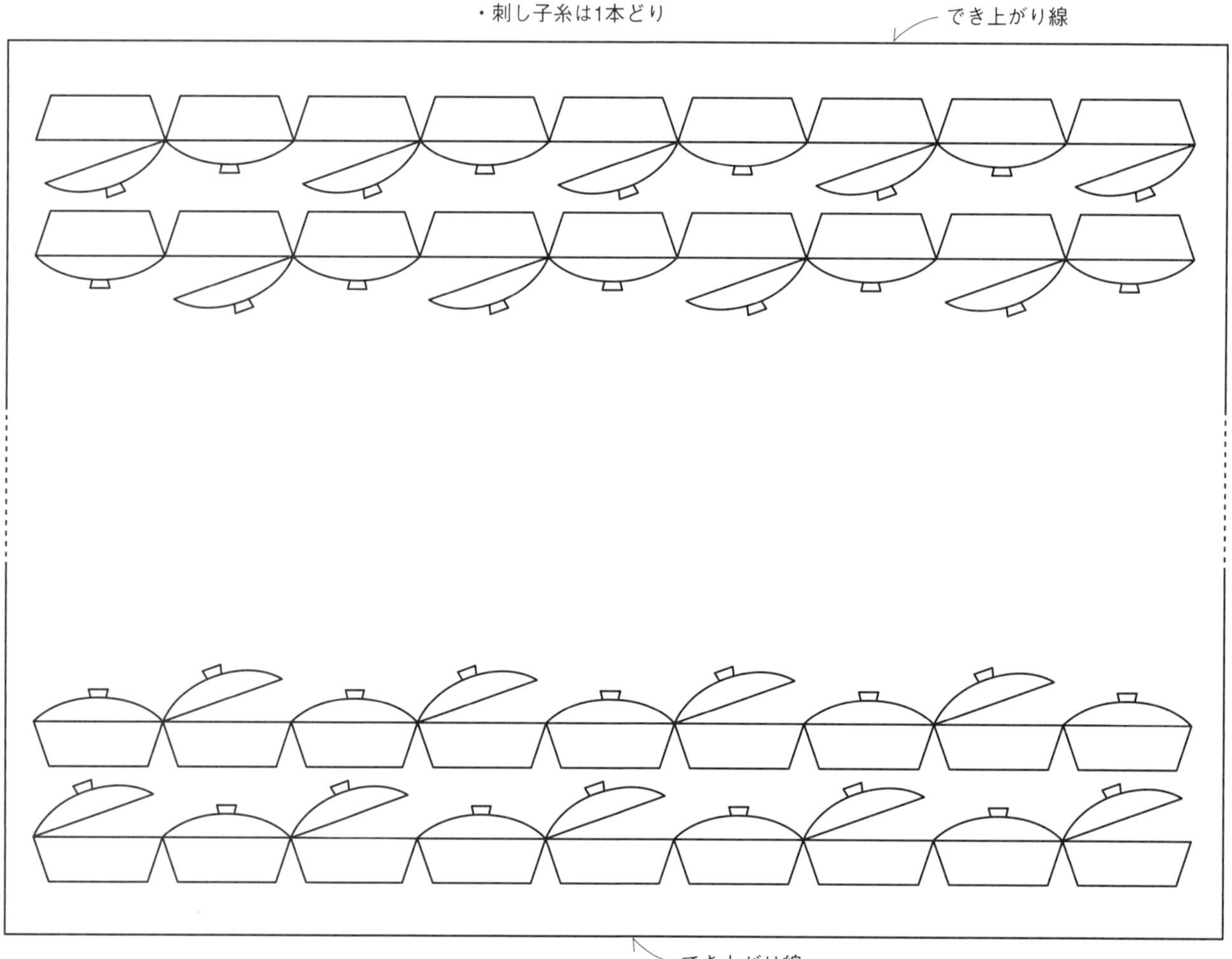

でき上がり線

でき上がり線

桜 ------- 22page

材料
●布‥さらし 35cm 幅× 72cm
●糸‥ホビーラホビーレ 刺し子糸　チェリーピンク（116）
●でき上がり寸法‥35cm 角
●作り方‥58 ページ a

図案　・250％に拡大して使用

・刺し子糸は1本どり

でき上がり線

蚊取り線香 ------ 23page

材料
- ●布‥さらし 35cm 幅× 72cm
- ●糸‥ホビーラホビーレ 刺し子糸　紺（105）
- ●でき上がり寸法‥35cm 角
- ●作り方‥58 ページ a

図案　・250％に拡大して使用

　　　　・刺し子糸は1本どり

でき上がり線

金魚 ------- 23page

材料
- ●布‥さらし 35cm 幅× 72cm
- ●糸‥ホビーラホビーレ 刺し子糸 赤（103）
- ●でき上がり寸法‥35cm 角
- ●作り方‥57 ページ a

図案 ・250％に拡大して使用

・刺し子糸は1本どり

でき上がり線

お月見 ------- 24page

材料
●布‥さらし 35cm 幅× 72cm
●糸‥ホビーラホビーレ 刺し子糸　紫（112）
●でき上がり寸法‥35cm 角
●作り方‥58 ページ a

図案　・250％に拡大して使用

　　　　・刺し子糸は1本どり

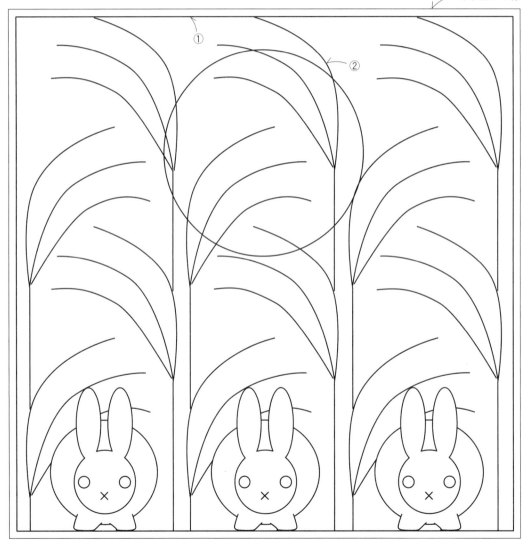

きのこ ------ 24page

材料
●布‥さらし 35cm 幅× 72cm
●糸‥ホビーラホビーレ 刺し子糸　緑（107）
●でき上がり寸法‥35cm 角
●作り方‥58 ページ a

図案　・250％に拡大して使用

・刺し子糸は1本どり

← でき上がり線

梅 ------- 25page

材料
● 布‥さらし 35cm 幅× 72cm
● 糸‥ホビーラホビーレ 刺し子糸　赤（103）
● でき上がり寸法‥ 35cm 角
● 作り方‥58 ページ a

図案 ・250％に拡大して使用

・刺し子糸は1本どり

でき上がり線

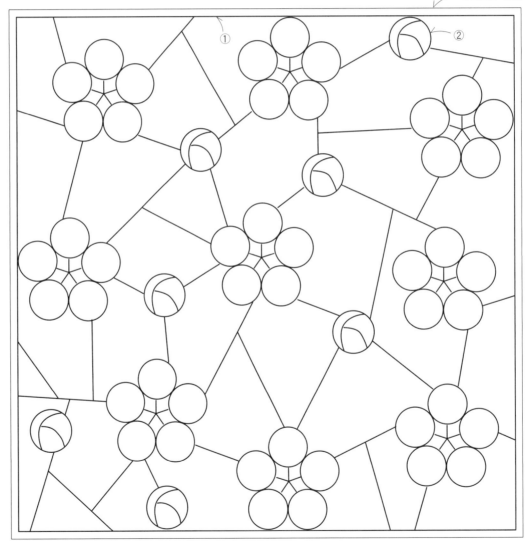

りんご ------ 26page

材料
●布‥さらし 35cm 幅× 72cm
●糸‥ホビーラホビーレ 刺し子糸　黄緑（114）
●でき上がり寸法‥35cm 角
●作り方‥58 ページ a

図案　・250％に拡大して使用

　　　　・刺し子糸は1本どり

でき上がり線

大根 ------ 26page

材料
- ●布‥さらし 35cm 幅 × 72cm
- ●糸‥ホビーラホビーレ 刺し子糸　紺（105）
- ●でき上がり寸法‥35cm 角
- ●作り方‥58 ページ a

図案　・250％に拡大して使用

　　　　・刺し子糸は1本どり

でき上がり線

干支 ······· 27page

材料
- ●布‥さらし 35cm 幅× 95cm
- ●糸‥ホビーラホビーレ 刺し子糸　赤（103）
- ●でき上がり寸法‥ 46.5cm × 35cm
- ●作り方‥58 ページ c

図案　・250％に拡大して使用

・刺し子糸は1本どりで、
ねずみやうしなど ● の目はフレンチノット（p.58）

でき上がり線

製作協力／市野栄子　今井時雨　加藤圭子　幸田純枝　近藤胡子
　　　　　　菅宮総子　関 英子　高林美千代　千葉秀子　能登寛子
　　　　　　早川すみえ　皆川知子　宮本すみ子　元吉多見　吉田久美子
イラストデザイン／ 川名晶子 (p.18 ～ 21)　pigpong (p.22 ～ 27)
撮影／長塚奈央
プロセス撮影／中辻 渉
スタイリング／大橋利枝子
ブックデザイン／阪戸美穂　堀いずみ
トレース／沼本康代
校正／田中利佳
編集／岡野とよ子　小柳良子
復刻版編集／森信千夏（主婦の友社）

材料協力
●刺し子糸
オリムパス製絲株式会社
TEL.052-931-6598
https://www.olympus-thread.com/

株式会社ホビーラホビーレ
TEL.0570-037-030
https://www.hobbyra-hobbyre.com/

●用具
クロバー株式会社
TEL.06-6978-2277
https://clover.co.jp/

本書は、2008年に株式会社雄鶏社で発行された『刺し子の花ふきん』の復刻版です。
★本書に掲載されている作品を無断で複製し、販売されることはかたくお断りいたします。

ふっこくばん
復刻版
刺し子の花ふきん

2023年3月10日　第1刷発行

編　者　主婦の友社
発行者　平野健一
発行所　株式会社主婦の友社
　　　　〒141-0021
　　　　東京都品川区上大崎 3-1-1 目黒セントラルスクエア
　　　　電話 03-5280-7537（編集）／ 03-5280-7551（販売）
印刷所　株式会社光邦

©Shufunotomo Co., Ltd. 2023　Printed in Japan
ISBN 978-4-07-453865-2

Ⓡ本書を無断で複写複製（電子化を含む）することは、著作権法上の例外を除き、禁じられています。本書をコピーされる場合は、事前に公益社団法人日本複製権センター（JRRC）の許諾を受けてください。また本書を代行業者等の第三者に依頼してスキャンやデジタル化することは、たとえ個人や家庭内での利用であっても一切認められておりません。
JRRC〈https://jrrc.or.jp　eメール：jrrc_info@jrrc.or.jp　電話：03-6809-1281〉

■本書の内容に関するお問い合わせ、また、印刷・製本など製造上の不良がございましたら、主婦の友社（電話 03-5280-7537）にご連絡ください。
■主婦の友社が発行する書籍・ムックのご注文は、お近くの書店か主婦の友社コールセンター（電話 0120-916-892）まで。
＊お問い合わせ受付時間 月～金（祝日を除く）9:30～17:30
主婦の友社ホームページ https://shufunotomo.co.jp/